Für alle meine schrägen Vögel, die ich lieben darf.

Manifest mit Vogel

Ramona Ambs

Gedichte, Notizen und Skizzen
von unterwegs

Impressum

Bibliografische Information der Deutschen Nationalbibliothek: Die Deutsche Nationalbibliothek verzeichnet diese Publikation in der Deutschen Nationalbibliografie; detaillierte bibliografische Daten sind im Internet über http://dnb.dnb.de abrufbar.

© 2020 Ramona Ambs
www.poesietherapie-federmensch.de

Korrektorat: Peter Krauss

Cover: Doro Nickl-Dobler
www.nickl-dobler.de

Bilder: Ramona Ambs/Pixabay

Herstellung und Verlag: BoD – Books on Demand, Norderstedt

ISBN: 9783751931557

Klara

Ich habe Klara wieder getroffen. Klara wohnt derzeit unter der Brücke beim Hauptbahnhof. Jedenfalls hat sie vorhin dort gewohnt. Sie wohnt da mit einer Isomatte, einem Schlafsack und einem Einkaufswagen voller gefundener Kuscheltiere. Sehr viele Kuscheltiere, die, - weil man ihr die Regenplane geklaut hat, ziemlich modrig riechen, weil sie öfter nass geregnet werden. Und weil so viele so schwer übereinander gestapelt sind, trocknen sie nie richtig aus. Die Kuscheltiere, die ganz unten im Einkaufswagen liegen, werden nach und nach als kleine viereckige Würstchen durch das Metallgitter nach unten rausgedrückt. Weil Klara sich manchmal auch auf alle oben drauf setzt. Dann ist sie die Chefin vom Kuscheltierwaggon.

Letzten Sommer hab ich Klara zweimal eine Fahrkarte an den Bodensee gekauft. Zweimal, weil sie beim ersten Mal vergessen hat, abzufahren. Und dann war das Ticket nicht mehr gültig. Und dann mussten wir warten, bis ich wieder Geld verdient hatte. Und dann hab ich ihr nochmal eine Fahrkarte gekauft. Ich hab mich mit ihr verabredet, um sie zum richtigen Zug zu bringen und zu winken, aber sie kam nicht. Und war trotzdem weg danach und ich hab sie nie mehr gesehen und hab mir immer vorgestellt, dass sie ohne mich und meine Hilfe, mit einem anderen Zug zum Bodensee gefahren ist und dort jetzt mit ihrem Einkaufswagen voller Kuscheltiere am Wasser sitzt und sich über den See freut. Aber sie war nie dort. Sie hatte nämlich auch beim zweiten Mal vergessen, dass man abfahren muss. Und eine Fahrkarte alleine reicht eben nicht, um irgendwo anzukommen. Man muss dafür auch das richtige Gleis finden und in den richtigen Zug einsteigen. Solche Dinge fallen Klara aber schwer.

Und nun ist sie also wieder da und will noch immer an den Bodensee und ich habe aber grade kein Geld und will trotzdem immer die ganze Welt glücklich machen. Oder zumindest die Klara mit ihren Kuscheltieren... und dann schäme ich mich, weil ich mich bei dem Gedanken ertappe, ihr eine alte Fahrkarte zu schenken,... also eine, die eh schon abgelaufen ist, weil sie das nicht merken würde und sie sich dann ja trotzdem freut... und weil sie den Weg zum Zug wohl eh nie schaffen wird, denn einfach spontan losfahren will sie nie. Sie will sich dann immer von allen erst verabschieden und packen, obwohl sie alles dabei hat. Und dann will sie am nächsten Tag los... aber wirklich losfahren... das schafft sie nicht. Trotzdem wäre das ein schlimmer Betrug, ihr eine solche Fahrkarte zu schenken, nur für ein kurzes gutes Gefühl auf beiden Seiten. Es würde bedeuten, dass ich ihren Traum verrate. Und das darf man nicht machen. Besonders nicht bei Leuten wie Klara, bei denen der Zug eh immer schon abgefahren ist, egal ob man eine gültige oder ungültige Fahrkarte hat... und wer weiß... vielleicht schafft sie es ja doch noch an den Bodensee... ich hoffe ja immer noch darauf, dass es fliegende Teppiche vielleicht doch gibt. Das wäre dann eine realistische Möglichkeit.

le soleil nous attend

Bau mir ein Luftschiff
im Januar
nimm Träume und Tränen zum Tau
Bring mich zur Sonne.
Ihr Name ist Mut.
Glaub nicht
was man sich
von Ikarus erzählt...
La peur est mauvaise conseillère!
Wir holen nur Gold
ein wenig vom Himmel
fürs neue Jahr,
ein Glitzerlichtfroh.
Setz mich in den Korb
und flieg mit mir los
Von oben sieht alles viel schöner aus!
Sei Luftpirat
mir
Geliebter und Freund
Vergiss nicht: Die Luft hat uns lieb.
nous volons vers le ciel
le soleil nous attend.
Son nom est courage.

mittags um acht.

Du fehlst am Morgen
Du fehlst am Abend
und dazwischen
fehlst Du auch

Du fehlst.
am meisten
zwischen
den Beinen
auf den Lippen
und mittags um acht.

Du fehlst.

ich weiß jetzt, wie Lücken riechen.

Nur im Kopf
da bist Du dauernd
und tust so,
als sei es
normal
eine Lücke zu sein.
am Morgen
am Abend
und dazwischen auch.

mir fehlt der Mantel und die Mütze.
mittags um acht.
Du.

ich finde übrigens,
man sollte viel
öfter Gedichte auf
Hauswände
schreiben...

Das Geheimnis

Der Wind hat es den Vögeln erzählt

Je dors parfois dans les arbres

die Vögel singen es den Blättern
die Blätter rascheln es den Wolken
die Wolken flüstern es den Sternen
bald weiß es die ganze Nacht
Je dors parfois dans les arbres

die Äste wiegen mir einen Traum
ein Kissen aus weichem Holz
weit über der Erde
beinah in den Lüften
mein Bett
Je dors parfois dans les arbres

ich selbst bin ein Blatt
dans les arbres

ich küsse die Raben zur Nachtzeit
und die Lerchen am Morgen
die Nachtigall malt mir mit Farben

Dein Lied in die Luft
von dem ich erzähle
wenn die Welt
mich zurückholt
Je dors parfois dans les arbres

und nur die blaue Feder
kennt mein Ende.

parfois
dans les arbres

Der Weihnachtskugeldieb

Und dann, mitten an einem Weihnachtsmorgen am Bahnhof, wo sich die Eiligen und die Einsamen nicht begegnen, weil die einen ganz schnell zum Zug rennen, während die anderen ratlos dastehen, weil sie nicht wissen in welche Richtung sie rennen müssen, um der Einsamkeit zu entkommen... mitten also an einem solchen Morgen, setze ich mich ins Café am Bahnhof, um die Geschichten aufzulesen, die diese Leute unterwegs verloren haben.

Meistens liegen die Geschichten auf dem Boden, neben einem Taschentuch, das niemand mehr benutzen will,... oder unter einem Bonbonpapier, das sich noch immer nach dem Karamelltoffee sehnt, das es einst umwickeln durfte und nach dem es immer noch ein bisschen duftet, wenn man sich nur intensivst genug vorstellt, man stünde in einer Zuckerfabrik, ... oder bei einer Kippe, die so tut als könne sie niemals verglühen... jedenfalls kann man die Geschichten dann aufheben, abklopfen, ein bisschen sauber machen und aufschreiben. - Heute hab ich jedenfalls einen Dieb kennen gelernt. Er hat sich die Weihnachtskugeln von dem großen Baum geklaut, der in der Bahnhofshalle aufgebaut ist.

Neben der Holzkrippe. Baum und Krippe stehen hinter einem Absperrband, damit ihnen niemand zu nahe kommt- aber das hält einen ja nicht ab, wenn man was Glitzerndes braucht. Das kennt Ihr sicherlich... -Ich habe nicht mit ihm gesprochen. Sein Gesicht hat genug erzählt... es war sogar eine richtige Plaudertasche. Es hat mir gesagt, dass er als Kind immer samstags gebadet wurde, zusammen mit seiner großen Schwester. Es hat mir gesagt, dass er auch später mit einer Schönheit die Badewanne geteilt hat. Es hat mir gesagt, das große Schwestern und andere Schönheiten einen aber auch nicht immer beschützen können.

Und deshalb ist der Weihnachtskugeldieb sehr vorausschauend geworden. Er weiß jetzt, dass man für alles vorsorgen muss. Er ist nämlich jemand, der Weihnachtskugeln klaut und dann draußen versteckt, damit er an Ostern was findet. Und das ist sehr klug. Sowas ist nämlich besonders wichtig, wenn niemand mehr da ist. Nichtmal mehr die Badewanne.

manchmal bin ich
so tapfer wie
eine Seifenblase...
.............................plÖpp

Klirriges Glück

Verschwende mich rot
Verschwende mich gelb
und lila und blau
Dein Bild will ich sein
auf unsichtbarem Papier
Verschwende mich hell
im Dunkelvokal
in Tönen in Moll und in Dur
Verschwende mich wild
im klirrigen Glück
Momente der Ewigkeit
gehör ich nur Dir.
verschwende
mich
das Alphabet ist viel zu klein
Verschwende mich in tausend Buchstaben
voll schillernder Form und trotzigem Klang
Unaussprechlich das Wort
und still
Verschwende mich still
und leise und stumm
allein in uns tobt tosend die Musik
lautlose Sonate
vom klirrigen Glück-
Verschwende mich

Die grünen Vögel

manchmal gerät man am Hauptbahnhof in Heidelberg in ganz zärtliche Situationen. Heute Morgen zum Beispiel. Im Café. Zwei Menschen. Sie, mit einem Leben im Gesicht, Ende dreißig; er, schmächtig, mit warmen Augen, Anfang zwanzig. Sie sitzen schon da, als ich komme. Weit auseinander. Wie man das so macht, wenn man sich nicht kennt. Jeder sitzt in einer Ecke. Aber irgendwann müssen sie angefangen haben miteinander zu sprechen. Sie erzählt von ihrem Pech mit den Männern. Und er erzählt ihr von den Männern. Wie sie so ticken und wie er so tickt. Und woran sie erkennen kann, dass ein Mann wirklich liebt: «Geben Sie nichts drauf, was er redet. Wir reden viel, wenn wir eine Frau haben wollen.» Er macht eine Pause, rührt in seinem Kaffee und fährt fort: «Achten Sie nur auf sein Verhalten. Wenn er Sie wirklich liebt, wird er Ihnen das nicht sagen. Er wird es Ihnen zeigen» Sie nickt und versucht ein Lächeln, das nach Bitterschokolade duftet. Ich bekomme meinen Kaffee, und mein Kaffee seinen Zucker und wir, der süße Kaffee und ich, gehen nach draußen. Dort schreien die grünen Vögel in der alten Platane und eine Sonne geht auf. An mir joggt ein roter Mann vorbei. Vor sich schiebt er einhändig einen Rollstuhl. Darin sitzt ein alter Mann in einem dunklen Mantel mit Hut und Zigarette in der Hand. Eigentlich sitzt da nur ein Mantel mit Hut, Hand und Zigarette. Der Mann, der sich unter diesen Dingen befindet ist so klein und alt, dass er quasi in sich verschwindet. Der rote Mann ist schnell und seine Turnschuhe haben aufgeregte kleine Lampen in den Sohlen. Sie leuchten bei jedem Schritt und ich frage mich, ob man bei dem Fahrtwind im Rollstuhl gut rauchen kann, wenn man so klein ist, dass man in einem Mantel und unter einem Hut verschwindet und dann flüstert mir die Romantik dumme Gedanken ins Ohr und ich gehe zurück in den Bahnhof, zurück ins Café... aber da sitzt dann nur noch die Frau. Und neben ihr sitzt ihr Gepäck. -Die warmen Augen sind weg und draußen schreien die grünen Vögel...

Merke:
Nachtigalligkeit
ist ein wichtiges
Kriterium bei
Gedichten.

MILIM

Zieh mal Deine Worthülsen aus
Lass die gemeinen Plätze draußen
und komm her
ich möcht mal
Dein Lippenbekenntnis
auf meinen Lippen
und am Hals
und auf dem Bauch
und an der glücklichen Stelle,
die immer schnurrt
wenn sie berührt wird.
dort.
Gib etwas Mond zu dem, was Du sagst.
Dann kannst Du Dir sogar
die Zunge verbrennen...
Das wär so viel hübscher
als die hohlen Worte
da draußen
die so tun
als wüssten sie was von Liebe...

Gummistiefeltage

und dann gibt es diese Tage, an denen man gerne Gummistiefel tragen würde, obwohl es nicht regnet, und dann sitzt man da und lässt seine poetischen Figuren barfuss durch die warmen Sommerpfützen laufen und die Luft ist dunkel und warm zugleich und dann bekommt man kalte Füße, weil Buchstaben so schamlos sind, wenn sie lügen und so wahnsinnig wunderbar schön dabei...

Mohnrufe

Wenn die Mohnblume ruft
schreib ich mir rettende Zeilen
ich schreibe und schreibe
ein Wörternetz
und
hoffe,
dass es hält.

Wenn die Mohnblume ruft
tanze ich hinfort
ich tanze und tanze
auf dem Boden
durch die Luft
bis
ganz
rot.

Wenn die Mohnblume ruft
und das Netz nicht hält
und nicht
der Boden.
dann folge ich.
ihr.
ich.
Blume.
Mohn.

Ich habe vier Gartenstühle. Sie sind ziemlich kaputt. Deshalb hab ich ihnen Namen gegeben. Sie heißen "Beinah ein echter Stuhl" "Fast ein fliegender Teppich" "seltsamer Sessel" und "Todesfalle". Meine Besucher bleiben nie besonders lange. Todesfalle ist noch am besten im Schuss, weil sich nie jemand auf ihn setzt. Wenn ich mal reich bin, kauf ich mir neue Stühle. Alle aus Gold. Mindestens.

La peur n'est pas juste un mot

am Abend wispert sie: morgen
da bring ich Dir bei
was ich will.
ein Mantel aus Eis
begleitet Dein Du
das Gestern
tobt wild
als ob es ein Morgen wär.
Cette peur est juste un mot

am Morgen wispert sie: mittags
da bring ich Dir bei
was ich will.
ein Handschuh aus Blei
ergreift Deinen Arm
und tanzt sich
im Jetzt
Deinen traurigen Tango.
Cette peur est juste un mot

am Mittag wispert sie: abends
da bring ich Dir bei
was ich will.
ein Hut ohne Krempe
behütet Dich nicht
der Himmel
sieht alles
und schämt sich nicht.
Cette peur est juste un mot

SCHRÖDINGERS KATZE IST ÜBRIGENS SEHR LEBENDIG!

Lied in der Luft

Ich schreib Dir heut
ein Lied in die Luft
bei dem auch
die Wolken erröten.
ich singe es nackt
und tanze dabei
dann regnet es duftige Tränen.
und unten am Boden
da wachsen dann bald
Kirschen, Saphir und Balladen
sie wachsen uns wild
und reden davon
was andere schamhaft verschweigen...

Zauberhut

wenn Du mir
was aus dem Hut zauberst
Liebe
zum Beispiel
und sie dann
wie Konfetti
auf mich regnen lässt
dann würd ich Dir
einen Bären aufbinden,
der Dich den Rest Deines Lebens
im Nacken kitzelt...
damit Du nie mehr aufhörst
mich anzulächeln.

Schrauben

in Deinem Klammerkopf
lächelt sich
eine Schraube
Sie glänzt sich
durch Anwesenheit
sie glänzt sich im Messing
sie glänzt sich im Kupfer
sie glänzt
sich
Am Abend trägt sie Zylinder zum Schlitz.
Sie liebt es
zu tanzen
im Sechskantschritt.
Feuerverzinkt dreht sie
im Innenstern
einige Runden
und bleibt am Ende
doch locker
als Alibi
zum verdreht werden...

Hinter den Ohren

Hinter den Ohren
dort
wo man sich die Dinge hinschreiben soll
die besonders wichtig sind
wohnt mir ein
Kobold
der Buchstaben frisst.
Jeder Satz, den ich mir dorthin schreibe
wird angeknabbert
viele Buchstaben futtert er fort
bis nur noch Dein Name da steht.
Verrückt, oder?

DREINICHTSIEBEN

und dann fällt der Schnee
ich packe meine Dreisachen in den Koffer
dreinichtsieben.
weil mehr fehlt als da ist.
Mein Koffer ist groß.

und dann am Rande vom oft
bekommt man was weggenommen.
wenn man die Augen schließt
und beinah lächelt.
Mein Koffer ist groß.

ich bin unterwegs
mein Koffer ist groß.

Ich laufe
mit dem rosa Elefanten
an den nie einer denken soll
Richtung Norden
Mein Koffer ist groß.

Drei sind weniger als sieben
Drei sind weniger als sechs
sind weniger als fünf
weniger als vier

wenig
in einem großen Koffer.
Der Elefant lacht.
Das Leben ist vermutlich schön,
wenn man rosa ist
und sehr da
obwohl niemand an einen denken soll.

Konrad

heute im Zug hab ich Konrad kennen gelernt. Ich weiß natürlich nicht, ob Konrad wirklich Konrad heisst, oder ob er nur so getan hat, als würde er Konrad heißen, aber das war eh nicht wichtig, weil ich ihn sowieso gleich Hotzenplotz getauft habe. Also nicht richtig getauft, -sonst hätt ich ihn ja ins Wasser tunken müssen, damit der Name besser an ihm haften bleibt, ungefähr so wie eine Briefmarke auf einem Umschlag, aber solchen Unfug mach ich ja nicht. Auch nicht sonntags im Zug. Und Hotzenplotz schien eh wasserscheu zu sein. Er erzählte mir jedenfalls, dass sein Name Konrad sei und er nun zu seinem Bekannten fahren wolle. Konrad hat nicht besonders gut gerochen, weil er vermutlich tief in der Scheisse sitzt. In jedem Wortsinn. Das hatte zur Folge, dass wir bald ziemlich allein da saßen, weil sich die anderen Leute schnell und weit weg gesetzt haben. Weil sie Konrad nicht riechen konnten. Und damit sie ihn nicht riechen mussten. Konrad jedenfalls erzählte mir von seinem Bekannten, der ein rotes Gästesofa hat, auf dem er schlafen darf, wenn es draußen zu kalt ist. Ein feiner Kerl sei das. Dann zieht er aus seiner Tasche einen Adventskalender. »Mit Schokolade!« sagt er und bietet mir an, ein Türchen zu öffnen. Ich nehme die Nummer 6 und hinter dem Türchen ist ein Schokomann zu sehen, der ein bisschen aussieht wie Hotzenplotz selbst. Ich bedanke mich und esse. »Du bist nett« sagt er und öffnet die Türen 1, 2, 13 und 22. Eine Blume, ein Schaukelpferd, ein Engel und eine Trommel. »Andere Leute wollen nie was geschenkt von mir. Dabei stamm ich sogar von den Romanows ab! Ich bin adligen Geblüts!« sagt er dreimal und verstaut seinen Adventskalender wieder in der Tasche. »Wir können ja nicht alles essen! Sonst isses weg bis zum Advent!«. Er lacht sich kaputt. »Da nutzt all das adlige Geblüt nix. Gefressen ist gefressen!« Er bedankt sich nochmal für meine Freundlichkeit. Geht zur Tür und bedankt sich nochmal. Dann hält der Zug an und er steigt aus. Draußen winkt er mir glücklich nach. Die Luft im Abteil riecht noch lange nach ihm. Hoffentlich wartet wirklich ein rotes Sofa auf ihn.

Merke: Paradiesvögel sind unauffällige Flatterlinge mit besonders grauen Federn. Sie treffen beim Singen stets nur die schrägen Töne, weil sie immer vom bunten Glück erzählen. Leider sind sie vollkommen fluguntauglich. Katzen wissen das...
deshalb sind Paradiesvögel auch so selten.

Jude sein

ich würd Dir
gern mal was
in die Schuhe schieben
damit Du verstehst
wie das ist
wenn man keinen Fuß
auf den Boden kriegt
weil
immer
was
dazwischen
ist
und Du nur stolpern kannst,
obwohl Du tanzen willst.

DIE STIMMEN

Hörst Du?
Hörst Du nicht?

gläserne Augenberge schweigen Entsetzen
Gesichter trägt die
Rauchschwade in der Luft.
ersticktes Frauenhaar
strähnig stumpf, die
liebgeflochtenen Zöpfe totgewachsen
abgeschnitten

vom Kopf
vom Leben

Hörst Du Hörst Du nicht

es flüstert
es flüstert

die Berge flüstern am Schrei
flüstern das leergesprochene Leben
zwischen den Stimmen -
es flüstert

Hörst Du?
Hörst Du nicht?

Schrei

Galgenhumor -jüdisch.

Komm
wir gehn jetzt
Risches machen!
Brunnen vergiften!
Kerle schänden!
Blutmazzen backen und Kinder fressen!
Lass es uns
wenigstens
einmal
tun.
damit wir es
getan
haben,
wenn sie uns schon
immer wieder
dafür hängen.
Komm.

Heimat

Das ist nicht mein Haus
nicht mein Land
nicht mein Zuhaus
nicht meine Heimat.
sagen sie mir.

Das ist nicht mein Baum
nicht mein Wald
nicht mein Garten
nicht meine Heimat.
sagen sie mir.

Das ist nicht mein Volk
nicht meine Leute
nicht meine Nachbarn
nicht meine Heimat.
sagen sie mir.

Das ist nicht mein
überall nicht
immer nur nicht
nicht. nicht.
Nirgends
keine Heimat
mir.
außer Du.
sage ich uns.

Die Leichtigkeit der Poesie

viele kleine Buchstaben
bringen wenig auf die Waage.
Aber mach mal ein trauriges Gedicht daraus...
dann siehst Du wie schwer
manche Worte wiegen,
viel mehr als die Summe ihrer Buchstaben,
selbst wenn sie auf Federpfoten daher kommen.

Knöpfe und Jacken

Schön siehst Du aus
Knöpfe und Jacken
und später dann nackt
unter Deinem Hut
Deine Seele
auf meiner Haut.
Dein Auge erzählt mir vom Nachtmond
Dein Du erzählt mir von mir.
Noch immer
der Duft von Bäumen
in Deinem Haar.
Noch immer ist
rau Deine Hand
wenn sie mich fort stößt.
Wir stehen gemeinsam auf einem Bein.
Wir stürzen zusammen.
Wir feiern die Liebe
wenn wir könnten.
Knöpfe und Jacken
und noch ein Hut
Schön siehst Du aus.

Geburtstag in der Nordsee

gestern bin ich wieder Straßenbahn gefahren. Mir gegenüber saß eine Frau mit braunen Haaren, die nach Pfefferminzbonbons geduftet haben. Jedenfalls sahen sie so aus, als würden sie nach Pfefferminzbonbons duften. Man kann ja schlecht einer wildfremden Person an den Haaren rumschnuppern. Sie hatte ein Gesicht wie ein Kind, das einen Luftballon geschenkt bekommt. Auf ihrem Schoß stand ein Kuchen. Rund, mit Schokolade glasiert, und mit bunten Smarties drauf. Vermutlich habe ich zu lange zu gierig auf den Kuchen geguckt, jedenfalls fragte sie mich, ob ich ein Stück haben will. Ich wollte natürlich, hab aber logischerweise nein gesagt, weil ich weiß, was sich gehört und vermutete, dass sie den Kuchen einem echten Geburtstagskind bringen wollte und es dann doch sehr schade wäre, wenn schon ein Stück fehlen würde. Aber sie hat energisch den Kopf geschüttelt und zwei Stücke abgeschnitten. Eins hat sie mir gegeben, das andere hat sie selbst probiert. Der Kuchen war ausgesprochen lecker. Er hat ein bisschen nach verrücktem Honig geschmeckt, der sich zu lange mit Nüssen unterhalten, und dabei zuviel vom Zimtlikör genascht hat. Die Kuchenfrau hat mir erzählt, dass ihr Vater heute Geburtstag habe und dass er aber leider schon lange tot, und seine Asche in der Nordsee verstreut sei. Und dass sie ihm trotzdem jedes Jahr weiterhin einen Kuchen backt und den zum Rhein bringt und unterwegs Leuten, die aussehen, als könnten sie ein Stück

Kuchen gebrauchen, etwas davon schenkt. Man braucht ja auch Partygäste an einem Geburtstag. Das letzte Stück Kuchen wirft sie dann in den Rhein, damit es in die Nordsee zu ihrem Papa getragen wird. Und dann waren wir schon am Hafen und ist sie ausgestiegen und hat mir noch fröhlich gewinkt. Ich hoffe sehr, dass der Kuchen in der Nordsee ankommt...aber wenn unterwegs noch ein paar Enten mitfuttern, dann ist das vermutlich auch ukay, - einfach nur eine andere Art Geburtstagsfeier...

Zebraworte

Ich bau mir ein Zebra aus Worten
aus schwarz und aus weiß und aus bunt
Ich nenne es Tikwa
es bringt mich hier weg
wenn es dunkelt in Deutschland
Ich bau mir ein Zebra aus Worten
mit Flügeln und Fliege und Hut
wir fliegen weit oben
wir singen hebräische Lieder
zur Nachtzeit.
Die Sterne, die tanzen dazu.
Ich bau mir ein Zebra aus Worten
es wohnt sich mit mir
in Paris
und weit weg.
Wir singen in schwarz und in weiß
vom traurigen alten Land in Moll.
Ich bau mir ein Zebra aus Worten
es bringt mich hier weg.
mich. mit Worten.

Tiger zum Tee

für Judith Kerr

Wir machen uns Mühe
Wir tragen die Muscheln zum Meer
die Sterne zum Himmel
und kochen Euch Tee.
Unsere Zähne sind weiß
die Schuhe geputzt
die Seele aus Gold.
die Wörter freundlich.
Trotzdem kommt keiner.
Ins Judenhaus.
Wir müssen uns
einen Tiger erfinden
der Tee mit uns trinkt.

à la fenêtre

und am Fenster
erzählt mir der Regen
von Sansibar
er trommelt in Swahili
seine Safari
auf die Scheibe
Sonne und Sand
Perlen auf Glas
ein afrikanisches Gedicht
so laut, dass meine Träne
sich schüchtern
im Auge versteckt.
Wie soll man da weinen,
wenn der Regen mir
solche Gedichte ans Fenster schreibt...
à la fenêtre, la pluie m'écrit des poèmes africains
Sansibar in Tropfen
bei mir. à la fenêtre.

Zucker und Stein

Sie war nicht aus Zucker
Sie war nicht aus Stein
ihr Körper war schön
doch ihre Seele
unpünktlich
wie die Nachtigall am Morgen

Sie spricht noch mit den Sternen
wenn andere längst
Steine aus Zucker bauen

Sie spricht noch mit der Sonne
wenn der Zucker
die Steine bricht.

Moment mit Honig

Komm her
mein Schöner
und mach mir
falsche Hoffnungen mit Honig.
Komm her
erzähl mir
das Blaue vom Himmel.
es klingt mir grün.
es duftet nach Morgen.

Komm her
mein Schöner
und bau mir
ein Luftschloss zum träumen
mit Bett.
es kitzelt so zart
Deine Worte
tanzen mit mir
durch die Federn.

Komm her
mein Schöner
und mach mir
komm her.
komm.
mach.
mir.

der Hoffnung ist es egal, ob sie sich erfüllt.
Sie liebt den Moment.
mit Honig.

Vogel aus Papier

in meiner Seele
wohnt ein Vogel
aus Papier

ich falte ihn
zu einem Schiffchen
damit er
die stürmische See
überlebt

ich falt ihn
zu einem Flieger
damit er fliegen kann.

ich falt ihn
zu einem Brief
damit man
ihn lesen kann
weil man ihn sonst nicht versteht.

den Vogel
aus Papier.

die zerknitterte Seele.

Gast

Komm rein
Du bist uns willkommen sagen sie.
Und sie haben einen Tisch.
Und auf dem Tisch steht Wein.
Der Wein war einmal eine glückliche Traube.
In Italien.
Auf einem glücklichen Berg.
unter einer glücklichen Sonne.
Setz Dich sagen sie.
und sie haben einen Stuhl
genügend Stühle.
für jeden ist Platz.
und dann setzen wir uns und sie schauen mich an.
Und ich krieg kein Wort raus.
weil ich willkommen bin.
was so schön ist,
dass es mir immer die Sprache verschlägt
und mir die ganzen vielen Wörter abhanden
kommen
vor Glück.

Und Du pflanzt noch jüdische Blumen

und Du pflanzt noch jüdische Blumen
in dieser Zeit
wo nicht mal mehr Träume blühen.

Wie glücklich Du bist
Du schaufelst und gräbst.
Deine Hände im Dreck.
Sie werden wachsen sagst Du.
Dein Lächeln. Dein Tsutroy.
mir schöner als Gott.

Keine Wolke am Himmel. Keine Sonne.
Nur niemand, der Dir zusieht.
und Du pflanzt noch jüdische Blumen.

die braunen Stiefel
marschieren schon wieder.
die blauen Hemden sie tun noch ganz weiß
und morden dabei mit man wird ja noch dürfen.
Auch sie waren Gärtner.
Sie haben ihr Gift längst verstreut
es gedeiht
während die alte Saat aufgeht...

Keine Wolke am Himmel. Keine Sonne.
Nur niemand, der Dir zusieht.
und Du pflanzt noch jüdische Blumen.
immer noch jüdische Blumen...
als hätte die Hoffnung
grüne Gummistiefel an.

Würfel und Steine

Gott würfelt nicht
hat ein Stein gesagt
...
als ob Steine sprechen
...
und selbst wenn,
dann doch nicht über Gott,
den ollen Spielverderber!

des Geliebten Schlaf

des Geliebten Schlaf
will ich schützen
in Nächten wie diesen
wo offene Winde wehn
sein Atmen berührt meine Seele
sie tanzt sich im Sturm
ein zottiges Lied
die Winde wehn hart
ich küß Deine Wangen
bedeck Dich mit Lilien
und Liedern
die Kälte betritt unser Haus
sie setzt sich
sie redet mit bleierner Stimme vom Tod
ich schicke sie fort
die Lilien erfrieren
der Wind nimmt sie mit
in den Morgen
das Haus schweigt verstört
mit heiserer Stimme
besing ich zur Nachtzeit
die Sonne
des Geliebten Schlaf
will ich schützen
in Nächten wie diesen
wo offene Winde wehn

Lied vom jüdischen Vogel

Ich spiele mit Worten
ich sing Dir Gedichte
ich ballade mit Dir
alors tu m'aimes?

Ich ziehe Dein Kleid an
verhüll meine Federn
es tanzt sich so schön
fast beinah mit Euch
alors tu m'aimes?

Ich mal mein Gesicht hell
ich kämme mein Haar
versteck meine Flügel
die Träne vom Abend
So schön seh ich aus!
alors tu m'aimes?

so schön... alors

ça ne sert à rien
alors
je reste un oiseau juif
mit Tanzkleid und Hoffnung
mit Traum und Gedicht

so schön... alors
ça ne sert à rien
ils ne m'aiment pas.
den jüdischen Vogel.
nicht heute. nicht morgen. jamais.
wie traurig.
Alors, on vole!

Merke: bin heute mit einem Kamel durchs Nadelöhr geritten. War gar kein Problem. Man muss nur einen Vogel haben.... dann gehts...

Robert

Er heisst Robert und wohnt neuerdings in dem Glasaufzug an unserer S-Bahnhaltestelle.

Dort hat er sich häuslich eingerichtet. Er hat ein Sofa vom Sperrmüll geklaut, es zum Aufzug geschleppt und es dann längs reingeschoben. Seither liegt er auf dem Sofa mit den Blumen auf dem Bezug und freut sich, dass seine Wohnung hoch und runter fahren kann und er so oft Besuch bekommt. Die meisten Leute, die ihn besuchen, drehen allerdings an der Tür um und schimpfen sehr, wenn der Aufzug mit Robert drin sich nähert und öffnet. Offenbar haben sie sich in der Tür geirrt. Denn Robert freut sich über Besuch. Zumindest sagt er immer höflich Guten Tag, wenn man den Fahrstuhl betritt und sich zwischen Sofa und Aufzugwand drängt. Er bietet einem auch an, auf das Sofa zu sitzen, aber das lohnt sich nie, weil die Fahrt nach unten bzw. oben nur acht Sekunden dauert. Drei Tage lang geht das gut. Dann hat die Polizei ihm das Sofa geklaut und ihm für den Aufzug einen Platzverweis erteilt. Elende Diebe sagt Robert. Mein Sofa! Meine Wohnung! Aber das nutzt natürlich nichts.

Jetzt wohnt er wieder vorne unter der Brücke. Die Wohnung dort hat kein Sofa und keine schicken Glasfenster und auch keine Deckenbeleuchtung. Und man muss sehr viel trinken, um den Eindruck zu haben, dass man auf und ab fährt. Besuch kommt eher selten. Manchmal die orangenen Männer von der Stadtreinigung. Sie sagen ihm dann, dass er sich davon machen soll. Aber Robert weiß nicht wohin, also bleibt er da. Ich begegne ihm manchmal bei meinen Spaziergängen. Und dann fängt er immer wieder an zu schwärmen von seiner alten Aufzugwohnung. Die Lage war auch gut! Das sagt man doch immer: Lage ist alles! Und ich hör mir die Geschichte immer wieder an, obwohl ich schon weiß, wie sie ausgeht. Seit drei Monaten nun hab ich Robert nicht mehr gesehen. Ich weiß nicht, ob er ausgezogen ist oder tot. Ich wünsch mir immer, dass er einen anderen Aufzug gefunden hat. Nur für ihn alleine. Irgendwo in bester Lage. Mit einem geblümten Sofa.

Unterm Schnee

da unten
unterm Schnee
tief unten
da kichern schon
die Schmetterlinge,
weil sie sehen
was meine Hand
auf Deinen nackten Rücken schreibt.

Mein Finger malt
ein Sonnengedicht
auf
Deine Haut
mein schönstes Papier
Dein Kuss
zaubert
mir
den Frühling ins Gesicht
und unten
unterm Schnee
da kichern die Schmetterlinge

Birkenbäume

Berühr mich barfuß
bei den Birken.
Küss mich nackt
bis der Wind uns streichelt.
bei den Birken
will ich Dich spüren.
die silbernen Blätter
Dein weißer Stamm
mein schwarzes Haar
nur hier duften Küsse nach Meersalz.
nur hier bei den Birken
darf unsere Liebe
weiß sein.

Geschenk

Schenk mir
einen Kuss
auf den Mund
und zwei auf die Lippen
purpurwolkengrauschwarz
Dein Haar
wie das meine,
das niemand sonst sieht.

soviel
Vanille in Deinem Blick
soviel
Saphir in Deinen Augen

Schenk mir
ein Wort
für mich
einen Buchstab
mit dem Du
zärtlich
in mir schreibst
mit Deiner Hand
die nach Felsen duftet

soviel
Vanille in Deinem Blick
soviel
Saphir in Deinen Augen

Koriphäe mit Tier

Der Mann
mit den Affen in der Manteltasche
wirkt nervös. und ruhig.

Er soll die Frau heilen
Sie leidet an Affe-in-der-Manteltasche.
Er ist Spezialist
für Ängste und Manteltaschenaffen
Er schreibt
in den großen Zeitungen davon
Er sagt
Manteltaschenaffen kann man loswerden!
Er schweigt,
während er Bananen isst.
Die Frau liegt auf der Couch.
Sie redet vom Affen in der Manteltasche
Der Mann lockt den Affen mit Bananen zu sich.
Die Frau ist geheilt.

Der Mann
mit den Affen in der Manteltasche
wirkt nervös. und ruhig.

Todesanzeige

ich habe Deine Todesanzeige gesehen
in der Zeitung
Sie bestand aus Buchstaben
und Floskeln
und einer Handvoll Zahlen

sonst nix.

Sie haben doch glatt vergessen,
von Dir zu erzählen.
Wenn Dein Name
nicht dabei gestanden hätte,
ich hätte es nicht gewusst.

Metamorphosen

Früher warst Du ein Schmetterling
Flügel so bunt wie die Nacht
Nie mehr eine Puppe!
blau Deine Seele

Jetzt bist Du Raupe
grau jeden Tag
ein Herz aus Chitin
Du fliegst auch nicht mehr.

ich weiß nicht warum
ich weiß nicht wo
aber
irgendwann hast Du Dich verloren.

Liebe zum letzten Mal

Nenn rot nicht rot
Nenn blau nicht blau
Verschleier den Tag mir zur Nacht
Vergrab mir die lauernde Stunde
im Wasser

der Spiegel sieht uns zu
der Spiegel ist alt,
er hat viel gesehen
es kümmert ihn nicht, was wir tun

ein Bild vielleicht
fällt aus dem Rahmen
beim Anblick unseres Liebens
ein Bild-
vielleicht

der Spiegel ist alt
er hat viel gesehen
es kümmert ihn nicht, was wir tun
der Spiegel hat kein Gedächtnis

Nenn rot nicht rot
Nenn blau nicht blau
Entschleier die Nacht mir im Tag
vergraben lauert die Stunde
Liebe zum letzten Mal
der Spiegel hat kein Gedächtnis
ein Bild
vielleicht.

Mein Koala und ich

mein Koala und ich
wir sitzen am Meer
Karfunkel nochmal ist das schön!
die Wellen
erzählen Gedichte vom Bleiben
erzählen Geschichten
vom Mond.
es riecht nach Tasmanien.
es duftet nach Luft
und Sand.
mein Koala und ich
wir sitzen am Meer
wir reden
wir genießen unsere Ohren
ohne Bauchnabel.
Karfunkel nochmal ist das schön!

Halbkleid

gestern bin ich
der Halbwahrheit begegnet.
im Blumenkleid.
fast hübsch.
Ich hab geguckt,
wo ihre andere Hälfte ist.
ich hab links geguckt.
ich hab rechts geguckt.
und oben und unten.
Aber da war nix.
Da hat auch nix gefehlt.
Sie war nur eine Lüge,
die sich so blumig gekleidet hat.

Merke: ein dickes Fell nutzt garnix, wenn Du drunter dünnhäutig trägst.

Such mich

Such mich im Schnee
ich hab mich versteckt
ich bin eine rote Blume

Du musst
keinen Fluss überqueren für mich.
aber zieh Deine Stiefel an.
Der Zaunkönig pfeifts auf die Dächer
wenn Du mich findest.

Such mich im Schnee
ich hab mich versteckt
ich bin eine rote Blume

Du musst
keinen Berg erklimmen für mich.
aber wirf Deinen Mantel um.
Der Wind flüsterts den Bäumen
wenn Du mich findest.

Such mich im Schnee
ich hab mich versteckt
ich bin eine rote Blume

Du musst keinen Wald durchstreifen für mich.
aber zieh Deinen Hut in die Stirn.
Die Sterne leuchtens dem Himmel
wenn Du mich findest.

und küsst.

Tod eines Gedichts

neulich
beim Analysieren
ist ein Gedicht
schwer erkrankt
und schließlich
herzjambusgestört
an seiner Interpretation verstorben.

Man sollte
deswegenweil
ein Gedicht
nur mit Zärtlichkeit fest berühren
Handschuhe aus Samt
und literarische Seziermesser
sind völlig ungeeignet.
Sie sterben
alsbald
- und ihr Grab heisst Kanon.

Das verliebte Frühstück

koffeinfreie Lockenwickler
tanzen auf dem Tisch
Glückskristalle in der Butterdose
die Butter schmilzt genüsslich vor sich hin
ein Honigmund
küsst zärtlich
Sesambrötchen von gestern
purpurweich schmachtet
ein Ei
derweil ein Zuckerstückchen glücklich
im Kaffee zerfällt
Marmeladenphantasien
                       kriechen
                           über
                             die
geblümte Tischdecke
fast frivol
die Milch wird sauer
und der Yoghurt
eifersüchtig
weil es beim
Knäckebrot knistert
und bei uns.

Federn

Mein Mann ist ein Vogel
er schließt seine Flügel um mich
in seinem Gefieder
da fühl ich mich schön.

Er baut mir ein Nest in den Sternen
ganz oben,
aus Federn
ganz oben,
wo niemand mehr stört.

dort reden die Federn vom Fliegen
dort reden die Federn von Freiheit
dort reden die Federn vom Frieden
von Zuckerperlen und Freundlichkeit.

sie erzählen vom Tanz der Bäume
und davon
wie sich das Leben anfühlt
wenn man so weit weg ist
wie der liebe Gott,
der sein Nest auch in den Sternen hat
und den Federn lauscht.

Mein Mann ist ein Vogel
er schließt seine Flügel um mich
in seinem Gefieder
da fühl ich mich schön.

Boris

heut muss ich Euch von Boris erzählen. Boris hat grüne Augen und Angst vorm Rechnen. Als er noch klein war, in der Schule, im Matheunterricht, hatte er sich immer unter der Bank versteckt. Der Tisch war sein Regendach, wenn die Zahlen auf ihn niederprasselten. Aber das ist lange her. Jetzt arbeitet Boris in einer Bäckerei, in der es nach Hefe duftet. Er steckt die Bestellungen der Kunden in die Tüte und seine Kollegin kassiert. Sie passt auf, dass ihm keine Rechnungen zustoßen. Und meistens klappt das auch ganz gut und Boris ist sehr zufrieden. Aber wenn ein Kunde kommt und drei Brötchen bestellt, und dann, wenn die Brötchen schon in der Tüte sind, plötzlich sagt, er will doch lieber fünf Brötchen, dann ist das ziemlich schwierig für Boris. Er kippt dann die drei Brötchen aus der Tüte zurück ins Regal und fängt von vorne an zu zählen. Eins, Zwei, Drei, Vier, Fünf. Die Kunden schimpfen dann oft und finden Boris dumm. Dabei ist Boris garnicht dumm. Er hat nur Angst vorm Rechnen. Sogar dort, wo es nach Hefe duftet...

Herkunft lebenslänglich

es klebt an Deinen Füßen
es hängt Dir im Gesicht
es weint in Deinen Augen

Du
schleppst es mit.

es liegt in Deiner Tasche
es tickt in Deiner Uhr
es drückt in Deinem Schuh

Du
schleppst es mit.

Zieh nur einen Hut an
und einen Mantel
Versuch nur
das unbeschwerte Lächeln,
derer,
die nie überleben mussten.
Aber schau dabei bloß nicht in den Spiegel.
Der Spiegel weiß nämlich...

Du
schleppst es mit.

tu me manques

ich esse Pralinen
tu me manques
ich lese ein Buch
tu me manques
ich küsse den anderen
tu me manques
und freitags tanz ich dazu.

ich schlaf ohne Träume
tu me manques
ich schlaf ohne
tu me manques
ich schlafe
tu me manques
nie mehr

ich schreib ein Gedicht
tu me manques
es hat Dein Gesicht
tu me manques
es antwortet nicht
tu me manques
mir nicht.

und wenn ich dann sterbe
tu me manques
so voll echt sterbe
me manques
werd ich Dich vermissen
manques
Dich.

Gebet an einen da oben

Adonaj, Allah und Gott
ich kenne alle Namen
ich weiß nichts von Dir.
die Bäume sind schön
und die Menschen
manchmal.

Adonaj, Allah und Gott
ich kenne alle Namen
ich will nichts von Dir wissen.
die Bäume schweigen
und die Menschen reden.
manchmal.

Wo warst Du
baruch ata
wo bist Du gewesen
aqubar
Gelobt seist Du, der uns verlassen hat.
Amen.

Herbstbaum

Wenn man über sich nachdenkt, - also ich mein: ohne zu schummeln, dann kommt man manchmal auf seltsame Ideen. Vor allem, wenn man im Zug sitzt und draußen Bäume an einem vorbei fahren, die noch so tun, als wäre es Sommer. Ich hatte jedenfalls die Idee, dass ich gerne ein bunter Herbstbaum wäre. So mit warmen, schönen, rotbraunen Blättern, die ganz laut rascheln, wenn der Wind sie streichelt. Und auf jedem Blatt würde ein Gedicht stehen. Was ja logisch ist. Schließlich bin ich immer noch die Dichterin, -auch wenn ich ein Herbstbaum wäre. Und also würde ich auf jedes Blatt ein Gedicht schreiben, bevor ich es runter auf die Erde fallen ließe. Lyriklaub. Und dann würden die Leute kommen und würden die Blätter zusammen sammeln und sich damit bewerfen und die Gedichte würden durch die Luft tanzen und eines würde in der Kapuze Deiner Jacke hängen bleiben und mit Dir nach Hause gehen...

Umschnurrwörter

ich schenk Dir heut
ein Gedicht
wie eine Katze.
es umschnurrt Deine Beine
beleckt Dein Gesicht
kratzt Deine Hand
eine Muschi
aus Wörtern
und Wünschen...
nur
um Dir näher zu kommen...

meine jüdischen Augen

meine jüdischen Augen
sehen Dinge,
für die meine deutsche Sprache
keine Worte hat.
nicht mal mameloschn
hilft da weiter.
und Fremdsprachen
bleiben
bestürzt
auf der Strecke.

man sagt.
nur was eine Vokabel hat
existiert
nur was einen Namen hat
kann erzählt werden.

aber manchmal treff
ich
Dich
auf der Brücke der Sprachlosigkeit
dort summen wir zusammen
eine Melodie
dort verstehst
Du
auch ohne Worte
meine hebräisch schweigende Seele.

Babystrich

Abend für Abend stehen sie da
in Reih für Glied auf der Straße
mit blonder Perücke und Firlefanzhaar
und rotgefrorener Nase

Sie pudern die Wangen, die Lippen sind rot
versteckt sind die Kindergesichter
Kajal um die Augen, die Augen sind tot
erhellt nur durch Autolichter

die Knie kaum bedeckt von dem kurzen Rock
stolzieren sie auf Stiefeletten
umwandern langsam den Häuserblock
und rauchen dabei Zigaretten

Sie stehn da und warten, bis dass einer hält
um eine dann mit sich zu führen
Komm mit mir mein Mädchen, ich zeig dir die Welt
du wirst Meine Welt in dir spüren

Und nach ein paar Runden dann abgesetzt
steht diese eine erneut
bereit an der Straße, durch Nadeln verletzt
tut sie, was die Herrn hier erfreut...

schreiend und schreibend

mein erstes Gedicht
schrieb ich
schon
vor meiner Geburt

ich war noch gar nicht unterwegs
da fraß mich
der Schmerz schon so auf
dass ich
nach den Buchstaben greifen musste,
um nicht tot geboren zu werden
sondern nur
schreiend und schreibend.

Merke: man sollte nur dann auf dem Teppich bleiben, wenn man grade mit ihm durch die Luft fliegt...

Dir dort Du

Komm her
Sei Freitagsvogel mir
und Tiger.
Sing mir das Lied
von den Efeublättern
setz Deinen Kuss
in ein Boot.
dort werde ich warten.
Wir fahren hinaus auf den Wellen
bis zur Mitte des Meeres.
dort bin ich Dir
Katze mit Schnabel und Flügel.
dort bin ich
Dir
dort
Du.

Sabine

Sabine hab ich am Kaugummiautomaten kennen gelernt. Ich erwähne das nur, weil es total wichtig ist für die Geschichte und es ohne den Automaten die ganze Geschichte nicht gäbe. Außerdem gibt es ja nicht mehr all zu viele Kaugummiautomaten. Man sollte deshalb viel öfter über sie erzählen. Ich liebe die übrigens so sehr, dass ich genau weiß, wo in meiner Umgebung der nächste steht. Sabine mag den Automaten eher zweckgebunden. Weil man an seinem Drehknauf Sachen aufhängen kann. In Sabines Fall ist das eine Jacke an dem Knauf, hinter dem die normalen runden bunten Kaugummis wohnen; und ein Schild "Bitte eine kleine Spende" an dem anderen Knauf, hinter dem sich die Plastikkugeln befinden, in denen man Glibbertiere, Flummis, Glasperlenketten oder sogar winzige Taschenmesser finden kann. Wunderkugeln eben. Bei den Kaugummis muss man zehn Cent reinwerfen, bei den Kugeln fünfzig Cent. Manchmal schenk ich mir so eine Plastikkugel mit Überraschung und manchmal einen Kaugummi. Immer dann, wenn ich ein besonders gutes Gedicht geschrieben habe, oder ein Text so freundlich war, mich glücklich zu machen... aber diesmal sitzt eben Sabine unter dem Automaten auf einer Isomatte und einem leeren Yoghurtbecher vor ihr. Und dann kann man ja nicht einfach den Automaten benutzen... Also setz ich mich zu ihr und frage sie, ob sie jetzt hier wohnt und sie sagt *vorübergehend* und ich bin erstaunt, weil das eine Antwort ist, die ich so nicht erwartet habe. Also nicht inhaltlich. Aber sprachlich. Vorrübergehend ist so ein Wort, was so ungebräuchlich wie das Wort ungebräuchlich - zumindest in den Kreisen, in denen man ab und an unter Kaufgummiautomaten oder Brücken wohnt. Aber Sabine ist sowieso anders als die, die man sonst so auf der Straße trifft. Sie hat einen sehr entschlossenen Blick. Das Gegenteil der sonst üblichen Straßenaugen. Straßenaugen sind meistens glasig. Wegen der Traurigkeit und dem Alkohol. Wobei man nie genau weiß, was zuerst da war...und manchmal weiß man auch nicht, ob die glasigen Augen halb voll oder halb leer gucken... Aber Sabines Augen sind nicht so. Und für das Gegenteil von glasig gibt es kein Wort. Und deshalb kann ich gar nicht richtig beschreiben, wie Sabines Augen waren. Ich überlege ein Wort zu erfinden, aber mir fällt keines ein, was hübsch wäre. Ich hab aber auch nicht lange Zeit darüber nachzudenken, weil Sabine nicht nur entschlossen guckt, sondern auch entschlossen redet. Nur maximal zwei Minuten will sie mich neben sich haben; weil ich sonst das Geschäft verderbe, betont sie. Alleine kriegt man mehr sagt sie. Und außerdem hasst sie Leute wie mich, die einfach rumlungern und sich Kaugummis aus den Automaten holen. Also steh ich sofort wieder auf. Ich kann sie verstehen. Wenn man nirgendwo seine Privatsphäre hat, muss man sie spätestens unterm Automaten verteidigen. Außerdem bin auch viel weniger entschlossen als sie. Aber eine Wunderkugel will ich dennoch aus dem Automaten haben. Weil ich genug Münzen in der Tasche habe, frag ich sie, ob sie auch einen Kaugummi will, oder eine Wunderkugel. Aber sie schüttelt den Kopf. Sie will ja auch eigentlich, dass ich verschwinde. Also schenk ich ihr das Geld, was ich sonst noch in der Tasche hab, hänge ich kurz mal ihr Schild beiseite, werfe die fünfzig Cent ein und drehe den Knauf. (Ich hoffe, Du hörst jetzt im Kopf dieses wunderbare und absolut einzigartige rlnck rlnck rlnck, was man immer hört, wenn man einen Knauf am Kaugummiautomat dreht,- falls Du es nicht hörst: der Automat macht rlnck rlnck rlnck). Und dann fällt die Kugel raus. Also eigentlich. Diesmal aber nicht. Diesmal fällt eine Kugel raus und dann noch eine und noch eine und noch eine... Es regnet Wunderkugeln auf Sabine. Die freut sich aber garnicht. Sie ist stinksauer, springt auf und schubst mich weg. Verpiss Dich schreit sie und wird ziemlich wütend. Da ich nicht besonders stark bin, geh ich sofort, bleib aber nach ein paar Schritten stehen und dreh mich um. Die Wunderkugeln fallen immer noch aus dem Automaten. Sowas Schönes hab ich überhaupt noch nie erlebt. Auf dem Boden kugeln überall Wunder... Aber Sabine findet es nicht gut. Geschäftsschädigend vermutlich, wenn man soviele Wunderkugeln um sich hat... Da ich für den Schlamassel verantwortlich bin, obwohl ich ja auch nix dafür kann, frag ich, ob ich die Wunderkugeln wegräumen oder mitnehmen soll. Aber Sabine ist immer noch wütend und schreit mich nur nochmal an, dass ich verschwinden soll. Und weil sie dann bedrohlich auf mich zukommt, lauf ich wirklich weg... und dann geh ich an den Fluss undfühle mich wie ein ein Rad mit der Nummer fünf,- ohne Kaugummi.

Die Frau im Spiegel

die Frau im Spiegel lächelt.
Sie kann das gut
so gut
allen wird warm ums Herz

dieses Lächeln
zierlich und zart
aus der Tiefe
einer geliebten Seele

ein Glück
für jeden, dem sie es schenkt
wenn sie nur tapfer bleibt
und lang genug
vorm Spiegel
übt.

Postament auf Augenhöhe

Stell mich nicht
auf den Sockel
es ist so kalt hier oben
und so einsam
Bete mich nicht an
Erzähl mir lieber
von Deinen Träumen,
dort,
wo ich Dir ganz nah bin
dort
beim Apfelkuchenstrand,
wo wir
im Kaffee schwimmen.
dort darfst Du
mich
bewundern
Aug in Aug.

eigentlich sollte hier
ein Gedicht
stehen.

aber mir ist keins eingefallen...

so sitz ich hier einfach nur rum.

und Du so?

Draußen sein

Je suis la juive jaune
Vois comme je suis belle
ich blüh mir und Euch
wie eine gelbe Samtpappel
im beschickerten Malvenfeld.
hier bin ich
beinah zuhaus.

sie sagen mir
ich darf bleiben
sagen sie mir

ich soll nur

nicht gelb sein
nicht Malve
nicht jüdisch
und niemalsnicht
eine Samtpappel.

fleurs juives jaunes interdites

und so bin ich wieder
draußen.

Deutschland. Herbst.

Der eiskalte Wind kommt aus Norden
und nimmt den Blättern das Grün
er gibt ihnen Gold und Silber
und einen totbraunen Rubin

die Blätter im neuen Gewande
die wiegen sich still hin und her
geheimnisvoll webt selne Bande
der Wind durch das Blättermeer

doch plötzlich tönt durch die Stille
ein Hilfe gellender Schrei
und dumpfe Schritte dröhnen
und bringen den Tod herbei

Stampfende schwere Stiefel
zertreten das sterbende Laub
der Herbst zieht ein in Deutschland
die Menschen werden taub.

Grade hab ich ein Wort geschrieben, dessen Buchstaben sich vorher ganz arg fein zurecht gemacht haben. Sie haben sich Rouge aufgelegt, die Lippen nachgezogen und schüchternen Lidschatten aufgetragen. Sie haben sich mit Parfum betupft ,- ein aufdringlich dezenter Duft aus Zitronen, Tulpen und welkem Flieder und dann haben sie ihre Schuhe geputzt und das Haar frisiert. Schließlich haben sie sich verkleidet und sich nebeneinander in einer Reihe ordentlich aufgestellt und gewartet, bis sie bei mir als Wort im Text unterkommen können. Und da stehen sie nun und schauen mich an- und ich finde sie ganz wunderwunderfein, - aber die anderen Leute, ... die, die den Text dann irgendwann mit ihrer professionellen Brille lesen werden, die werden sagen, das Wort sei ein Euphemismus -und das ist ein schlimmes Schimpfwort für Buchstaben, die sich soviel Mühe gegeben haben, schön auszusehen, wenn sie schon was Trauriges benennen müssen... gerade zu solchen Wörtern muss man immer sehr lieb und zärtlich sein. Die zerbrechen nämlich leicht. So ist das.

Merke: Fremde Menschen finden es sehr irritierend, wenn man ihnen im Vorübergehen mit den Fingern Hasenohren macht, während sie Selfies schießen.

Papierschiffchentanz

Die Sehnsucht
hat sich als Fernweh verkleidet
und zieht ihre Samtschuhe an.
Sie singt mir ein Lied.

Je danse avec le bateau en papier
Je crois au pouvoir de la poésie
Je crois au pouvoir du poème

Ich packe die Koffer
und lasse sie stehen.
Wer will schon mit Tränen verreisen?
Ich bau mir ein Schiff
aus Papier und Beton
und ungelebten Träumen.

Je danse avec le bateau en papier
Je crois au pouvoir de la poésie
Je crois au pouvoir du poème

Und auf den Wogen
da treffen wir uns
und flüstern uns zärtlich Gedichte
von Federn und Muscheln und Meermelodien,
und wo wir glücklich ertrinken.

Je danse avec le bateau en papier
Je crois au pouvoir de la poésie
Je crois au pouvoir du poème

Der verirrte Brief

er war
nicht angekommen
etwas,
was Briefen
manchmal zustößt.

Sie bleiben irgendwo hängen
wo ihre Worte
sich nur
miteinander
besprechen
und Verabredungen
im nichts treffen.
Dort ist es ruhig.
Bis sie entdeckt werden.
Und dann doch
noch dorthin reisen,
wo man auf sie gewartet hat.

aber sie waren zu spät.
Die Worte
haben niemanden mehr

angetroffen,
der sie lesen wollte.

Lerchengesang

Ich tu so,
als sei ich eine Nachtigall
verrucht
am Dichten mit den Sternen
im Dunkeln geborgen
Zwiesprache mit Frau Mond
ein Vogel der Nacht
geheimnisvoll
und vage
....
dabei
bin ich nur
eine Lerche
mit Einschlafstörungen.

Liebestanz

Heut tanz ich Dir
ein Gedicht
ins Gesicht
da würde sogar
der Erlkönig erblassen

meine Hand schreibt
Dir farcholemt
orientalische Zärtlichkeiten
in die Luft
die duften nach Zimt

und Zucker legt sich
auf Deine Wangen
wenn ich um Dich wirble
nur mein Haar

berührt das Deine
wo es schön ist.
es tanzt sich mit Dir
mein Honig schmeckt süß
wie der Deine.

Heut tanz ich Dir
ein Gedicht
ins Gcsicht
dort, wo die Erlen lachen.

für Shulamith

ich webe
ein goldenes Haar
und nenne es Blume
Dein Kopf
ist so durstig
Dein Kopf
ist so grau
ich webe ein ein goldenes Haar
das Wasser der Vase ist weiß
ich webe ein goldenes Haar
in den Pfützen
von gestern regnet es Schnee
ich webe ein goldenes Haar
es glitzert im dunkeln
es glitzert
es glitzert
im grau
ich webe
ein goldenes Haar
Dein Kopf ist so durstig
es glitzert
grau.

Der Rabe

Gestern hab ich
den Raben wieder gesehen.
Den,
der auf Deiner Beerdigung
auf der Platane
weinte,
als wir den Sarg
zum Grab schoben.
Er hatte,
wie Du Dich bestimmt erinnerst,
krächzend
meine Blicke auf sich gezogen,
damit ich nicht sehen musste,
wie Dein Sarg
in die Erde
sank.
Gestern hab ich
den Raben wieder gesehen.
Ich bin ihm gefolgt.
Ich will auch ein Rabe sein.

אָנֹכִי ה
לֹא יִהְיֶה
לֹא תִשָּׂא
זָכוֹר אֶת
כַּבֵּד אֶת

לֹא תִרְצַח
לֹא תִנְאָף
לֹא תִגְנֹב
לֹא תַעֲנֶה
לֹא תַחְזֹמד

Pessach zwanzig

MarorMaror.
so bitter das Kraut
es gedeiht sich wieder
es wuchert sich weit,
wenn Dein Auge nicht aufpasst.
Schau hin, schaudochhin.
bevor es zu spät ist.
sonst kann nur das Wasser
des Meeres
uns retten,
und auch das nur,
wenn man es teilt.

Fluchtweg mit Salzrand
Durchgang mit Muscheln und Schlamm

Schau hin, schaudochhin.
MarorMaror.
Wir trinken heute keine schwarze Milch.
auch nicht in der Frühe.
Wir trinken vier Becher Wein.
Wir tun so,
als könnten wir
jederzeit wieder
ganz lässig
ein Meer teilen...
MarorMaror.
Die Buchstaben weisen uns den Weg.
Die Worte sind unsere Freiheit.
ein kleines Gedicht
unsere Hoffnung
mit Krümeln
ha laila haze.

Sex

Sex
ist auch nur ein Gespräch
zweier Körper
miteinander
zweier Seelen
ineinander

wir schimpfen
wir streiten
wir schmeicheln
uns

und am Ende
sind wir doch nicht eins.
aber gut, dass wir drüber gesprochen haben.

Les oiseaux m'ont dit un secret

Les oiseaux m'ont dit un secret
am Abend in den Bäumen
wenn ich nackt spazieren fliege
wo mir die Zweige
übers Haar streicheln

die Sterne schauen zu
und der Mond weg
wenn mir die Blätter
die Knospen kosen.

Les oiseaux m'ont dit un secret
sie singen ein Lied
und schenken mir
bunte Federn
aus Deinem Kopf
die kitzeln
meinen
mir.

Les oiseaux m'ont dit un secret
Ils chantent que tu m'aimes encore
am Abend in den Bäumen.

ein Hut mit Tüll

in Zeiten wie diesen
braucht man einen Hut
mit Tüll
ein Geweih aus Glitter
und eine Katze mit Krallen.

Ils sont prêts
encore
Ils marchent
plus fort qu'avant
avec des chaussures bleues

Wenn die Straße ein Teppich wär
dann könnte man Wellen schlagen
blau wär dann nur noch das Meer
auf dem wir spazieren gehen

Sous l'eau
ne les dérange pas
Sous l'eau
le poisson chante
une chanson de bleu

Wir selbst sind ein Boot
wir sehen über die Wellen
nach Norden
wo die Sonne aufgeht
wenn wir nur lang genug schauen.

in Zeiten wie diesen
braucht man einen Hut
mit Tüll
ein Geweih aus Glitter
und eine Katze mit Krallen.

Merke: wenn man sich intensiv mit Fledermäusen unterhalten möchte, sollte man sich auf den Kopf stellen...

Trümmerlandschaft

Wir treffen uns
da, wo die Welt in Trümmern liegt
wir wollten uns eigentlich lieben.

doch dort drüben
ertrinkt ein Mensch im Meer
und hier verhungert einer
vor einem gefüllten Amt.
ein ausgefüllter Antrag
ist keine vollwertige Nahrung.
nicht mal ein echtes Essen.
dazwischen ringt einer nach Luft
weil ein anderer Worte
wie Waffen verwendet.
und in uns weint das Kaddisch
weil Einzeltäter Waffen ohne Worte
auf uns richtet.
immer wieder.
Trümmer.

Und wir treffen uns hier
in der kaputten Welt
wir wollten uns eigentlich lieben.

Welt mit Bär

ich würd Dir so gern
meinen Bären aufbinden
der brum macht und
der Dich wärmt

dann könnten wir zu dritt
über Eselsbrücken spazieren
und so tun
als sei die Welt ein Glück.

Gedichte zum Beispiel

immer wenn Gott
einsam ist
schmeißt er
eine Schildkröte auf die Erde.
damit ein netter
Gesprächspartner
in seinem Jenseits landet.
Aischylos
hatte eigentlich andere Pläne.
eine Tragödie zum Beispiel
aber Gott ist treffsicher.
Noch reden die Beiden.
Aber ich schaue täglich
zum Himmel
und warte auf die Schildkröte.
Ich hab nämlich auch andere Pläne.
Gedichte zum Beispiel.

Bau mir einen Vogel
aus Wolken.
Er soll uns
ins nirgendwo tragen.
Dort flüster ich Dir meinen Namen
ganz zärtlich
dann blüht eine Blume
in Deinem Gesicht.

Kein blaues Klavier

Kein blaues Klavier
Keine Sternenhand
noch nicht mal ein Zuhause

Kein rosa Kaninchen
Kein bunter Stift
noch nicht mal ein Gedächtnis

Sie haben gesagt
es gibt Essen mit Zukunft.
Wer braucht da schon
ein rosa Klavier?
Sie haben gesagt
es gibt Essen mit Zukunft.
Was nutzt Dir da
ein blauer Hase?

Sie essen und essen.
Nur nicht verhungern.
Nur nicht kein Gas sein.
es gibt Essen mit Zukunft.
ein Leben.
kein gestern nicht mehr.

und ich sitze da
und lausche am Abend
dem Kaninchen am Klavier.
Es hungert.
Es singt von den Farben, die einmal waren.
Es singt von den Sternen, die Eure Hände einst
hielten...

Manifest mit Vogel

es wird Zeit es wird Zeit
für ein
Manifest mit Vogel

Lasst uns Baumhäuser bauen
in den Banken;
- ein Nest im Palast.
Es leben die Vögel!
Lasst uns uns Gedichte zitieren
beim Streiten und Lieben;
Es lebe Prinz Yussuf von Theben!
Lasst uns Glasmurmelprinzessin sein
an jedem Tag
in jeder Farbe
sogar mit struppigem dunklem Haar:
Parole Vogel!

Es wär doch so schön,
wenn keiner mehr stirbt
weil ein anderer seine Hand nicht reicht.
Es wär doch so schön
wenn keiner mehr hungert
weil alle teilen.
so schön.

Parole Vogel.
Wir könnten die Liebe feiern
und die Schönheit der Freundlichen!
Frag Onkel Theo:
Wenn Du etwas wirklich willst,
ist es nicht mehr nur ein Gedicht.
Parole Vogel

Komm Fliegender,
Besing, wenn es dunkelt,
das Leben mit Kirsche
Nutz Deine Feder zur Freiheit-
Dein Gefieder ist weich,
wenn Du Dich nur traust.
es bietet Schutz
für so viele.
und Dich.
Sei Vogel mir.
Sei Vogel Dir.
es wär doch so schön.
sogar mit struppigem dunklem Haar:
Wenn Du willst, wird die Wirklichkeit Poesie.

es wird Zeit es wird Zeit
für ein
Manifest mit Vogel

Inhalt